AF607346

DL ZA 36-2026
ISBN: 978-84-18885-69-3
http://www.edicionesinvasoras.com

Este texto ha sido editado gracias a una ayuda de la Fundación SGAE dentro de la convocatoria de Ayudas a la publicación de discos y libros 2025.

CORRESPONDENCIA

PREMIO CIUDAD DE MÁLAGA DE TEATRO

Roberto Osa

PERSONAJES:

CARLOS (Alrededor de 40 años)

TRABAJADOR/A (Edad y sexo indiferente)

MARTA (60 años aprox)

JUAN (65 años aprox)

EUGENIO (Más de 70)

1

Una sala de tanatorio con un féretro cerrado en el centro.

Carlos, un hombre que ronda los cuarenta años, está sentado en una silla de ruedas junto al ataúd. Tiene un brazo en cabestrillo y una pierna escayolada. Con la mano buena acaricia la madera de la caja, la roza levemente con la punta de los dedos. Cada cierto tiempo, echa un vistazo a la pantalla de su teléfono móvil, que sujeta en la mano herida.

Cansado de esperar una hipotética llamada, Carlos decide marcar un número en su teléfono y llevárselo a la oreja.

Carlos — *(Al teléfono, apenas despertando de su letargo)* Tía, por fin, pensaba que no llevabas el teléfono encima. *(Pausa).* Ya la han traído. *(Pausa).* No, estoy solo. Bueno, con ella. *(Pausa).* ¿Vais a tardar mucho? *(Grita dirigiéndose afuera)* ¡¿Oiga, puede venir alguien?! *(Al teléfono, en tono normal)* La tienen tapada, no sé por qué, les he dicho que quiero que la gente la vea. *(Gritando hacia afuera)* ¡Oiga! *(De nuevo al teléfono)* Tía, tenéis que venir ya, os necesito aquí conmigo.

ENTRA un TRABAJADOR del tanatorio.

CARLOS — *(Al teléfono, casi suplicando)* Sí. Sí. Daros prisa, por favor.

TRABAJADOR — No hace falta que grite.

CARLOS — La tapa está cerrada.

TRABAJADOR — Ya lo veo. *(SILENCIO).* ¿Quiere que la abra?

CARLOS — Se lo he dicho antes. A usted... O a su compañero.

TRABAJADOR — ¿Qué le ha dicho a mi compañero?

CARLOS — Que la quiero abierta, quiero ver la cara de mi madre.

TRABAJADOR — Muy bien. La abrimos ahora mismo.

CARLOS — ¿Y las flores?

TRABAJADOR — ¿Flores?

CARLOS — Me dijeron que ya estaban aquí. Los de la floristería.

TRABAJADOR — No ha llegado nada.

CARLOS — A lo mejor llegaron hace rato y las han puesto en otro velatorio por error.

TRABAJADOR — *(Sonríe)* No creo.

CARLOS — Le pido que lo compruebe. Son tres coronas, cuatro ramos y un centro. Compruébelo, pregúntele a su compañero.

TRABAJADOR — Si se queda más tranquilo, puedo ir a ver.

CARLOS — Hágame el favor.

TRABAJADOR — Quién sabe, a lo mejor tiene usted razón.

CARLOS hace un gesto extraño con la cabeza, que se queda a medio camino entre el asentimiento y la gratitud.

El TRABAJADOR hace ademán de salir.

CARLOS — *(Seco)* Y abran la tapa de la caja. *(Suavizando el tono)* Por favor. No se olvide.

El TRABAJADOR SALE.

CARLOS mira la pantalla de su móvil, después mira hacia el ataúd.

Vuelve a llamar por teléfono.

CARLOS — Tía, gracias por la silla, antes me olvidé de decírtelo, me está viniendo fenomenal. *(PAUSA).* No, aún no han llegado las flores. ¿Os queda mucho? No entiendo por qué tardáis tanto. ¿Mi padre viene con vosotros? *(PAUSA).* Mejor, así estamos todos juntos.

CARLOS cuelga y se guarda el teléfono en el bolsillo del pantalón.

ENTRA el TRABAJADOR con una muleta en la mano.

Trabajador — ¿Es suya? Estaba tirada en la puerta de la calle.

Carlos — Sí. ¿Qué hacía en la calle?

Trabajador — Estaba en el suelo.

Carlos — Es igual. Déjela por ahí.

El Trabajador duda dónde ponerla. Finalmente la deja apoyada en el féretro.

Trabajador — *(Mirando de arriba abajo a Carlos)* Está usted como para salir corriendo.

Carlos — Sí... un accidente.

Trabajador — ¿En el trabajo?

Carlos — No, qué va, soy cartero. No corro mucho peligro en mi trabajo, la verdad.

Trabajador — El peligro lo lleva usted en las manos.

Carlos — ¿Por qué dice eso?

Trabajador — Yo por lo menos cuando llega el cartero a mi casa me echo a temblar: facturas, multas, invitaciones de boda... Nunca traen ustedes nada bueno.

Carlos — También repartimos buenas noticias.

Trabajador — Entiéndame, no quisiera yo matar al mensajero, menos con su... su... su...

Carlos — Madre.

Trabajador — Su madre aquí de cuerpo presente.

Carlos — Déjelo, no se preocupe. *(Silencio).* Fue doméstico.

Trabajador — ¿Doméstico?

Carlos — *(Alzando levemente el brazo en cabestrillo)* Un accidente doméstico.

Trabajador — Qué cosas más raras hacen ustedes en su casa.

Carlos — ¿Ustedes?

Trabajador — Ustedes, sí. Yo les hablo en plural a los clientes a veces. Manías que se cogen con el tiempo. *(Silencio).* ¿Quiere que pongamos libro de firmas?

Carlos — ¿Libro de firmas?

Trabajador — Para que la gente escriba condolencias, mensajes de despedida, frases en honor al difunto, cosas así. Gusta mucho luego de leerlas.

Carlos — ¿A quién le gusta?

Trabajador — A la familia, claro.

Carlos — Mi madre no leía nunca.

Trabajador — Es para la familia, no para el finado.

Carlos — ¿Finado?

TRABAJADOR — Difunto, muerto... Como lo quiera usted llamar.

CARLOS — Creo que no me interesa.

TRABAJADOR — Sin libro de firmas entonces.

El TRABAJADOR hace ademán de irse.

CARLOS — ¡No! Póngalo. Por si acaso. Un poco de cariño no nos vendrá mal. Y míreme lo de las flores, haga el favor.

El TRABAJADOR SALE.

CARLOS se levanta de la silla e intenta ir hacia la muleta a la pata coja. Cuando va a cogerla, ésta se escurre y cae al suelo. Él intenta alcanzarla, pero acaba cayendo él también al suelo. Se arrastra dolorido, le cuesta ponerse de pie debido a su pierna y brazo inutilizados.

Mientras lo sigue intentando, ENTRAN JUAN, EUGENIO y MARTA.

Al ver a CARLOS en el suelo, MARTA y JUAN corren hacia él mientras EUGENIO solloza ajeno a lo que ocurre.

JUAN agarra a CARLOS y le ayuda a levantarse.

CARLOS — *(A EUGENIO, en tono irónico)* Usted tranquilo, padre.

MARTA — *(A CARLOS)* No podemos dejarte solo ni un momento, ¿qué estabas haciendo?

Juan — La culpa es de tu tía. *(A Marta)* Mira a tu sobrino, el otro día casi se mata por colocarte las macetas y hoy otra vez rodando por el suelo.

Juan le da la muleta a Carlos, que la usa para acercarse al ataúd. Eugenio también se acerca.

Eugenio — Mi Ruth...

Juan — *(Para sí, mientras mira a Eugenio con gesto de reproche)* Madre mía, lo que hay que oír.

Marta — Mi pobre hermana...

Juan — *(Algo impaciente)* Hace frío aquí, ¿no tenéis frío? Yo mucho, tengo mucho frío. Voy a decirles que quiten el aire acondicionado.

Juan va a salir, pero se topa con el Trabajador que Entra con un atril en el que hay colocado un libro bastante grande.

Juan — Oiga, hace frío aquí. Mi mujer tiene frío.

Marta — Yo no tengo frío.

Juan — ¿Puede quitar el aire?

Trabajador — Yo lo quito, pero luego van a tener calor.

Da un golpe en el suelo al dejar el atril. Todos se apartan del ataúd, como atraídos por el golpe.

Juan — ¿Esto qué es?

El Trabajador se va sin contestarle. Juan se acerca al atril y echa un vistazo a la cubierta del libro.

Juan — *(Lee)* «Condolencias». ¿Hay que poner algo aquí?

Carlos — El que quiera.

Juan coge el bolígrafo que cuelga del libro. Mira al vacío, luego al ataúd.

Juan — *(Va diciendo en voz alta lo que escribe)* «Querida cuñada, te voy a echar mucho de menos...»

Carlos — Es personal.

Juan — ¿Cómo personal?

Sin que reparen en él, el Trabajador Entra y se dirige hacia el féretro.

Carlos — De cada uno. Es como si se lo dijeras solo a ella, no lo leas en voz alta.

Juan — Ah. *(Silencio).* Pero todo el que venga detrás a escribir puede leer lo que yo haya puesto.

Marta — *(A Carlos)* Déjalo, que haga lo que le dé la gana.

Juan vuelve a escribir de la misma manera.

Juan — «Siempre te recordaré como... como...»

Eugenio — *(Mientras el Trabajador está abriendo la tapa del féretro)* Aquí estás, Ruth.

Carlos — Por fin.

Todos se agolpan para ver a la difunta.

Silencio.

Marta — Qué guapa la han puesto.

Eugenio — Un poco seria.

Juan — Ella siempre ha sido seria.

Carlos — No parece... No la veo... La veo rara.

Juan — Lo que la ves es muerta.

Marta — Yo la veo preciosa. Un poco seria a lo mejor, pero preciosa.

Carlos — La boca la tiene... No sé...

Juan — Bien cerradita.

Trabajador — Le hemos puesto un poco de pegamento en los labios para evitar evacuación de flujos durante el duelo.

Marta — ¿Pegamento ha dicho?

Trabajador — Sí, señora. Pegamento.

Juan — Y del fuerte ha debido de ser.

Carlos — Tío Juan, por favor, ahora no...

Juan — ¿Os acordáis de aquel día que se cagó en la madre de aquel guardia civil yendo a Ruidera? Cuando nos querían denunciar por ir siete en el Renault Cinco. ¿Te acuerdas, Carlos?

Carlos — Me acuerdo de la foto en las lagunas, pero lo del guardia civil... *(A Marta)* ¿Es verdad eso?

TRABAJADOR — Les dejo con la charleta, que yo tengo cosas que hacer.

El TRABAJADOR SALE.

JUAN — No te acuerdas, eras muy pequeño.

MARTA — Ay, mi hermana... *(A JUAN)* Gracias a ella no nos denunciaron.

JUAN — Menudo pico tenía, a mí me daba miedo algunas veces.

JUAN vuelve al atril.

MARTA — ¿Miedo? ¿Miedo por qué?

JUAN — Yo qué sé... Miedo. *(Mientras escribe)* Era muy impetuosa, te miraba con esos ojos, que parecía que se le iban a salir de las órbitas, y esa boca, esa boca que abría cuando hablaba, que parecía que te iba a tragar entero.

EUGENIO — También sabía callar.

JUAN y EUGENIO se miran. CARLOS no comprende.

JUAN — *(Irónico)* Lo que tú digas.

SILENCIO.

CARLOS — La voy a echar tanto de menos.

EUGENIO comienza a deambular por la sala, como buscando algo.

CARLOS — Estos últimos días ha estado especialmente amable conmigo, aunque se comportaba de una forma un tanto rara en ella. De vez en cuando decía cosas que yo no terminaba de entender, pero al menos estaba más cariñosa que de costumbre, que ya es mucho decir para alguien como ella.

MARTA — Ha sido una gran mujer. Y... una gran madre, puedes estar bien orgulloso.

EUGENIO — ¿Y las flores?

CARLOS — Ya se lo he dicho cuatro veces a esta gente, he llamado a la floristería y me dicen que deben de estar llegando.

EUGENIO — A lo mejor las han mandado a casa.

CARLOS — Voy a poner una reclamación.

JUAN — *(Sigue escribiendo)* Estarán a punto de llegar.

MARTA — Para cobrarlas no han tardado tanto.

CARLOS — Dos reclamaciones, una al tanatorio y otra a la floristería.

JUAN — Vaya gana de gastar papel tontamente. Para eso mejor escríbele algo a tu madre en el libro éste, que igual te responde antes.

MARTA camina hacia un extremo de la sala, estira el cuello como si intentase escuchar algo lejano.

EUGENIO — Llama a casa, a ver si las han dejado allí.

Carlos — Padre, en casa no hay nadie.

Eugenio — *(Tras un par de segundos de vacilación)* Es verdad.

Marta — Se escucha jaleo.

Carlos — *(Algo apesadumbrado)* Ya viene la gente.

Juan — *(Ya sin escribir, pero con el bolígrafo en la mano)* Que empiece el paripé.

Eugenio — Teníamos que haberla velado en casa. Ella quería el duelo en nuestra casa, me lo dijo muchas veces. *(Señalando a Carlos)* A ti también te lo dijo... Te lo dijo... ¿Cuándo fue? Te lo dijo delante de mí. Creo.

Carlos — Aquí está mucho mejor.

Eugenio — ¿Mejor para quién?

Carlos — *(Autoritario)* Mejor y punto.

Eugenio — Si me hubiera encargado yo, las cosas serían...

Carlos — *(Le corta. Su nivel de enfado aumenta según habla)* Usted se calla padre. Déjenos a los demás ocuparnos de estas cosas y haga el favor de sentarse ahí en esa silla y darse un punto en la boca.

Marta — ¡Callad de una vez los dos! Van a entrar ya.

Todo se oscurece menos el ataúd y el atril, que quedan levemente iluminados.

2

Pocas horas después. Carlos está en la silla de ruedas. Con la mano buena, se agarra levemente al ataúd.

Eugenio está sentado en una silla de madera en un rincón de la sala, apoyando los codos sobre las rodillas.

En la otra esquina de la sala hay ahora una mesita con una jarra de agua y varios vasos de cristal.

El atril sigue en el mismo sitio.

Carlos — Padre, ¿quiere comer algo? ¿Le han dado de cenar los tíos?

Eugenio — *(Serio)* Estoy muy bien.

Carlos — Tiene cara de cansado, lo mejor será que se vaya a dormir, el tío Juan lo puede acercar a casa.

Eugenio — Me encuentro divinamente.

Carlos — Bueno, piense en mañana, el día va a ser largo.

Eugenio — *(Sujeta su cabeza con ambas manos, mientras mira al suelo)* Estoy mejor que nunca, me dan ganas de ponerme a bailar de lo bien que estoy.

CARLOS — Lo que usted diga, padre.

ENTRAN MARTA y JUAN.

MARTA — Por fin se han ido.

CARLOS — Ha venido mucha gente.

MARTA — Tu madre era muy querida.

JUAN suelta una risotada de incredulidad. Los demás lo miran.

JUAN — Perdón. Se me ha escapado.

CARLOS toma la mano de su tía MARTA y se la acerca a la cara.

CARLOS — Menos mal que estáis aquí conmigo. Sin vosotros... No sé qué haría sin vosotros.

MARTA — Somos una familia.

MARTA acaricia el pelo de CARLOS. Luego le da un beso en la mano, que él recibe con afecto.

JUAN — *(Mira el reloj)* ¿A qué hora es el entierro?

CARLOS — Mañana a las once.

JUAN — ¿De la mañana o de la noche?

MARTA — *(Con cierto hartazgo)* De la mañana, hombre, de la mañana.

EUGENIO se levanta de la silla.

JUAN — Lo mejor sería irse a descansar un rato.

EUGENIO — Yo me quedo aquí.

EUGENIO empieza a bailotear solo torpemente mientras tararea Suspiros de España.

CARLOS — Yo también.

MARTA — *(A JUAN)* Vete tú si quieres.

Todos callan. Solo se escucha el tarareo de EUGENIO.

JUAN — *(Señalando a EUGENIO, irónico)* Pues nada, nos quedamos todos.

MARTA pasea a CARLOS con la silla, le acaricia el pelo, le besa en la cabeza. JUAN va a decirle algo a EUGENIO sin que los otros se den cuenta, pero EUGENIO lo ignora, sigue bailoteando.

CARLOS — *(A EUGENIO)* Padre. Padre. Ya está bien. Haga el favor.

ENTRA el TRABAJADOR.

TRABAJADOR — Si van a pasar aquí la noche, les ruego que no hagan mucho ruido. Yo estaré en la oficina que hay junto a recepción, por si necesitan algo.

CARLOS — Necesitamos las flores.

TRABAJADOR — ¿Qué flores?

CARLOS — No se haga el tonto, se lo he dicho mil veces.

TRABAJADOR — A mí no me ha dicho nada de ningunas flores, quizá fue a mi compañero.

Marta — Déjenos en paz.

Carlos — Sí, váyase. Mañana a primera hora deben estar aquí las flores, si no los voy a denunciar.

El Trabajador sale.

Carlos solloza mientras Marta intenta consolarlo.

Eugenio sigue a lo suyo.

Marta — Tranquilo. Yo estoy aquí contigo. Estamos todos aquí contigo y no te vamos a dejar.

Carlos — Hay... Hay tantas cosas que me hubiera gustado decirle y ahora ya...

Marta — Me tienes a mí. Siempre me tendrás a mí. Yo te quiero como si fueras hijo mío, igualito que si te hubiera parido.

Carlos — Gracias, tía. *(Se agarran de la mano con fuerza y aguantan así unos segundos, emocionados)* Acércame el libro, yo también quiero escribirle algo.

Carlos y Marta se acercan al atril mientras, en el otro extremo de la sala, Juan y Eugenio hablan procurando que no los escuchen. Más bien es Juan el que le recrimina algo. Eugenio deja de bailar y va a sentarse de nuevo. Juan va detrás, sin dejar de recriminarle en voz baja.

Carlos agarra el libro y se lo pone sobre las piernas.

Marta — ¿Qué vas a poner?

Carlos — No sé. No se me ocurre nada.

Marta — Ponle que la quieres y que la echarás de menos.

Carlos — No hablábamos mucho, tú lo sabes, tía. De cosas importantes, quiero decir. Nunca le he dicho que la quiero, ni ella a mí.

Marta — Aprovecha ahora.

Carlos — Sería raro. *(Hojea lo escrito por otros hasta ahora)* Aunque nos queríamos.

Marta — ¡Por supuesto que os queríais!

Carlos — Quiero decir que a ella no le gustaban estas cosas.

Marta — ¿Qué cosas? ¿Los velatorios?

Carlos — Las muestras de cariño, las palabras amables... No es que fuera mala madre, pero era muy arisca. Iba completamente a lo suyo.

Juan sigue recriminando a Eugenio en voz baja. De vez en cuando, mira a Marta y Carlos.

Marta — Eres lo que más quería. Siempre hablaba de ti como lo mejor que había hecho nunca, estaba muy orgullosa de haberte dado unos estudios y mira, ahí estás en tu puesto de Correos, que ya quisieran muchos. Ella presumía mucho de ti, lo que pasa es que sabes que no le gustaba que tú lo supieras, por aquello de que te podías ablandar, y ella estaba muy empeñada en hacer de ti un hombretón, ya la conoces. Pero te aseguro que te quería mucho.

CARLOS — Sí... Supongo. *(SILENCIO).* Creo que voy a esperar a que se me ocurra algo mejor.

Va a entregar el libro a MARTA, pero ve algo extraño.

CARLOS — Espera un momento. *(Lee para sí)* ¿Quién ha escrito esto?

MARTA — ¿El qué?

MARTA coge el libro y lee.

JUAN — ¿Qué pasa?

MARTA — Virgen santísima.

JUAN — ¿Qué pone? Dame el libro.

JUAN coge el libro, lo lleva al atril y lee.

JUAN — *(Sorprendido)* Me cago en la hostia.

MARTA — Habla bien, haz el favor.

CARLOS — No ha firmado.

MARTA — Ha escrito en mayúsculas, así es más complicado conocer la letra.

EUGENIO — ¿Qué letra?

JUAN — Alguien que ha escrito en el libro.

EUGENIO — ¿Qué libro?

JUAN agarra el libro del atril, lo levanta como si fuera un sacerdote con las sagradas escrituras.

JUAN — El libro de las condolencias, o de los adioses, o como se le llame a esto.

Lo hojea.

JUAN — Ha escrito bastante gente.

MARTA — *(Señalando al libro)* Dejad eso. Le voy a decir al ordenanza que se lo lleve.

JUAN — Estará durmiendo.

MARTA — Pues que se despierte. *(Gritando hacia afuera)* ¡Oiga!

JUAN empieza a leer en voz alta el polémico mensaje.

JUAN — «Ahora sí. Adiós. Por fin: adiós. Nunca olvidaré lo egoísta que has sido. Espero que te pongan una buena losa encima y que los gusanos tarden en devorarte, si es que no se envenenan con tus tripas...».

MARTA — Ya está bien. Me llevo esto.

JUAN no le deja que lo coja.

CARLOS — ¿Quién es?

MARTA — Déjalo, Carlos.

CARLOS — ¿Le conozco?

Marta — Igual es alguien que se ha equivocado.

Juan se ríe.

Carlos — Si mi madre hizo algo malo, tengo que saberlo.

Marta — Tu madre no ha hecho nada.

Carlos — Entonces, ¿por qué iba alguien a ponerle esas barbaridades?

Marta — Habrá sido algún loco. ¿Vas a cuestionar la memoria de tu madre por las tonterías que ha escrito una desconocida?

Silencio.

Carlos — ¿"Desconocida"?

Marta — No, Carlos... No... Yo... No sé.

Carlos — *(Imperativo)* Quién es.

Marta — No. Habrá... Habrá sido sin darme cuenta. Yo no sé quién puede ser... Seguro que, al sacar el atril al pasillo, alguien de otro velatorio ha escrito por error en este libro... Tu madre... *(Pausa).* Era mi hermana, la conozco, créeme. No ha hecho nada malo.

Juan — Ya está muerta. El chico tendrá que conocer la verdad algún día.

Carlos — ¿Verdad? ¿Qué verdad?

Marta — *(A Juan)* Tú cállate. Esto no va contigo. Dame el libro.

JUAN — Quiero leer los demás mensajes.

MARTA — *(Gritando hacia afuera)* ¡Ordenanza!

JUAN — Ordenanza... Qué antigua eres.

MARTA — *(Gritando hacia afuera)* ¡Oiga!

JUAN — *(Pasa páginas, como si buscara algo)* Llama a quien quieras.

MARTA SALE.

CARLOS — ¿Qué está pasando?

EUGENIO — Debimos hacer el velatorio en casa. Este sitio... es muy frío.

JUAN — Es por el aire acondicionado. Dejadme que os lea lo que pone aquí y veréis cómo entráis en calor.

EUGENIO — Carlos, ¿dónde están las flores? *(Mirando alrededor)* ¿Se han llevado las flores?

CARLOS — Padre, no las han traído aún.

EUGENIO — ¿Cómo que no? Estaban aquí mismo.

CARLOS — Cállese, padre. *(A JUAN)* Lee.

JUAN — *(Leyendo)* «...tú me lo robaste, me robaste lo que más quería...»

ENTRA MARTA.

JUAN interrumpe la lectura y se queda mirándola.

CARLOS — *(A JUAN)* Sigue leyendo.

Marta — He estado dando golpes en la puerta, ¿cómo puede no escucharme?

Juan — Se le estará pegando el sueño profundo de los muertos de tanto dormir entre ellos.

Eugenio afina el oído, como si oyera algo a lo lejos.

Eugenio — ¿Oís eso?

Juan — Yo no oigo nada. Pensé que no había más gente.

Marta — Habrá otro velatorio al final del pasillo. ¿Lo ves? Seguro que se han equivocado de libro, voy a devolvérselo.

Carlos — Sigamos leyendo.

Eugenio — Es una mujer. Está llorando, ¿no la oís?

Marta — *(Señalando hacia fuera)* Y el señor este roncando a pierna suelta, es increíble, ¿cómo se puede dormir mientras alguien llora?

Eugenio — Pregúntaselo a tu hermana.

Marta — *(A Eugenio)* ¿Tú también vas a empezar?

Carlos — Padre, ¿qué dice?

Juan — *(A Carlos)* Siempre llamas a tus padres de usted.

Carlos — De pequeño mi madre me dejó bien claro que a los padres se les debe tratar de usted. Por respeto.

Juan — *(Mientras hojea las páginas del libro)* Desde esta noche, empezarás a tutearlos.

Marta — ¡Basta! Dame el libro.

Marta intenta arrebatar el libro a Juan, en vano.

Juan — No.

Marta — Dámelo.

Juan — Leeré. La noche es muy larga.

Carlos — Sí. Lee.

Marta va a sentarse, pero rápidamente vuelve a ponerse de pie.

Marta — *(A Eugenio)* ¿Tú no vas a hacer nada? ¿Vas a permitir esto?

Carlos — *(A Juan)* Lee.

Eugenio — Debimos velarla en casa. En su cama.

Carlos — Lee, por favor.

Marta — Esto no va a quedar así. No voy a permitir...

Juan — «...toda la vida igual, tú y ese marido tuyo, ese i... i...», no entiendo lo que pone.

Carlos — Déjame ver.

Juan acerca el libro a Carlos, pero sin soltarlo.

Carlos — *(Intentando descifrar la palabra)* ¿Imbécil? ¿Inútil?

Juan — Cualquiera de las dos vale.

JUAN se lleva el libro de nuevo al atril.

CARLOS — ¿Quién es? ¿Mi madre tenía un amante?

MARTA — No digas tonterías.

JUAN — Tampoco me parecería tan raro. *(A EUGENIO)* ¿Tú qué dices, Eugenio?

MARTA — Déjalo en paz.

JUAN — ¿En paz? *(Señalando el ataúd)* En paz se ha quedado esta.

CARLOS — Sigue leyendo.

JUAN — *(Lee de nuevo)* «Qué sabréis vosotros lo que es una familia...»

MARTA — No me parece bien.

JUAN — «...Yo. Yo te quise enseñar a quererlos, pero no has sabido...»

MARTA — ¡Esto no está bien!

JUAN se detiene.

SILENCIO.

CARLOS — *(A JUAN)* Sigue.

JUAN — «...nunca supiste ser una madre, y ahora pagarás por todo lo que me has quitado...»

MARTA — Deja de leer, no lo aguanto más. No puedo soportarlo.

JUAN — Pues se está poniendo interesante.

EUGENIO — ¿Y esa mujer? Sigue llorando. ¿Estará sola?

JUAN — Yo no oigo nada, pero si os quedáis más tranquilos, podemos ir a buscarla y traerla aquí con nosotros.

MARTA — Desde luego tú eres capaz.

CARLOS — *(A JUAN, sin mirarlo)* ¿Qué más pone?

JUAN — «Tuve siempre tantas ganas de contárselo todo a Carlos, pero ahora ya no me atrevo».

MARTA — Déjalo ya.

CARLOS — No entiendo nada. No tiene sentido.

EUGENIO — ¿No va a parar de llorar?

JUAN — ¿Quién?

EUGENIO — Esa mujer. ¿No la oís?

CARLOS — Cállese, padre.

EUGENIO — No me llames así.

CARLOS — ¿Qué dice? Duerma un poco.

EUGENIO — No me da la gana. Yo quería velar en mi casa. Esto parece... Parece...

JUAN — «...probablemente el niño lea esto, pero tú ya no tendrás problemas. Por fin. Por fin podemos decirte adiós».

Eugenio — Esa mujer, no soporto a esa mujer. Que se calle ya.

Marta — Sería mejor que nos fuéramos a casa a dormir un rato.

Juan — ¿Ahora quieres irte?

Marta se acerca al ataúd.

Carlos — ¿Qué pasa?

Carlos también se acerca.

Marta — Virgen santa... Se le... ¿No lo veis? El pecho, se le está... ¿No lo veis más hinchado?

Juan — *(Sin acercarse a mirar)* Yo lo veo bien.

Eugenio — Decirle a esa mujer que se calle.

Carlos — *(Alertado)* Se está hinchando.

Juan — Le han sellado la boca con pegamento, por algún sitio tiene que reventar.

Carlos — Deja de hablar así de mi madre, no te lo voy a consentir.

Juan — Si no os hubierais empeñado en abrir el ataúd, ahora no tendríamos que ver esto. Lo mejor es cerrar la tapa y olvidarnos. Es mejor recordarla tal como era.

Carlos — ¿Cómo era? Porque hace rato que tengo la sensación de haberme perdido bastantes cosas.

EUGENIO — ¡Necesito que se calle!

JUAN — Voy a avisar al celador. O lo que sea.

JUAN SALE.

MARTA — No hagas ni caso de esas tonterías.

CARLOS — Me gustaría saber qué es lo que pasa entre mi madre y la persona que ha escrito eso.

MARTA — Es la última noche, Carlos. La última noche de Ruth. La última noche de tu madre. No lo estropeemos. Solo es un comentario malicioso, siempre hay que gente que... Bueno... Ya sabes... Simplemente déjalo correr, no le des más importancia.

EUGENIO — Se ha callado. Por fin se ha callado.

ENTRAN el TRABAJADOR y JUAN.

TRABAJADOR — ¿Qué pasa? Aquí no hay quien duerma.

EUGENIO — *(Al TRABAJADOR)* ¿Han llegado ya las flores?

CARLOS — Mi madre se está hinchando.

TRABAJADOR — *(Mirando a MARTA)* Bueno, hombre, mañana estará mejor, eso es por el estrés de la pérdida, las horas sin dormir, estar de pie... Las varices y todo eso.

CARLOS señala el ataúd.

CARLOS — ¿No ve el pecho? Hasta el ojo se le está hinchando.

Trabajador — Ah, bueno. Si quiere cerramos la caja y santas pascuas.

Carlos — No me gusta tener que repetirle las cosas, pero ya le dije que quiero ver a mi madre.

Trabajador — Realmente ya no es su madre.

Carlos — ¡¿Cómo?!

Carlos se levanta de la silla. Marta le alcanza la muleta.

Juan — *(A Marta)* Este tío ahí donde lo ves sabe lo que dice.

Trabajador — De hecho ya no es nada de nadie, solo carne y reflujos, perdone que le diga. Y luego están los gases, bufff... No sé si ha empezado ya, pero los muertos se tiran unos...

Marta — *(Le corta)* Está mi hermana de cuerpo presente, tenga un poco de consideración.

Trabajador — ¿Quién no tiene consideración?

Carlos — Usted. Ningún tipo de consideración con nosotros.

Trabajador — ¿Cierro la caja entonces?

Carlos — Voy a ponerle una queja a usted personalmente. Por esto y por lo de las flores.

Trabajador — ¿Qué pasa ahora con las flores?

CARLOS hace ademán de irse contra el TRABAJADOR, pero MARTA lo detiene.

CARLOS — No puede uno estar velando a su madre y aguantando su incompetencia y su falta de sensibilidad.

TRABAJADOR — A mí me parece que son ustedes los que no tienen consideración conmigo.

CARLOS — Fuera de aquí.

MARTA — Sí. Ya está bien. *(Señalando hacia fuera)* Haga el favor.

SILENCIO.

TRABAJADOR — Les parece todo tremendo, se ha muerto su hermana o su mujer o quien sea, y están tristes y de mal humor porque además van a pasar la noche en vela, como si eso fuera a solucionar algo. Pero yo sí quiero dormir un poco. Los que trabajamos aquí tenemos que seguir comiendo y durmiendo y haciendo aguas mayores si hace falta, aunque la gente se muera. Ustedes pasan una noche en el tanatorio, pero yo paso cinco noches a la semana aquí, y lo siento, pero sus penas no son las mías.

EUGENIO — Se me está poniendo tiesa.

TRABAJADOR — Eso es que está usted vivo todavía. *(Yéndose)* Por fin algo que funciona como Dios manda.

El TRABAJADOR SALE.

Eugenio está en la silla riéndose sin parar.

Juan — *(Señalando a Eugenio)* No ha sido buena idea tenerlo la noche en vela.

Marta — No teníamos ni que haberlo traído, no está... Deberías llevarlo a su casa, Juan.

Carlos — De aquí no se mueve nadie. Vamos a velar todos a mi madre. Hasta el amanecer. Y vamos a seguir leyendo ese libro. Y todo va quedar bien clarito.

Silencio.

Marta — Hay que cerrar la caja.

Juan asiente y se dirige al ataúd.

Carlos — *(Levanta la muleta)* De eso nada. Yo soy su hijo y digo que no. *(A Juan)* Sigue leyendo.

Marta — Por Dios, se le está deformando la cara. Me da miedo que acabe explotando, ya es lo que nos faltaba.

Carlos — *(A Juan)* Lee.

Juan regresa poco a poco al atril.

Juan — *(Hojeando las páginas del libro de condolencias)* ¿Alguno habéis escrito ya? Yo me he quedado a medias.

Silencio.

JUAN — Se me ocurre que cada uno escriba lo que quiera, intentando ser lo más sincero posible. A lo mejor así conseguimos algo.

MARTA — *(A JUAN)* Empieza tú, que eres tan listo.

JUAN — Si se trata de ser sincero, no sirve nada de lo que he puesto antes. *(PAUSA).* ¿Lo tacho?

CARLOS — ¡No! No taches nada. No borres nada. Escribe más, escribe tanto como te dé la gana, que cada uno ponga ahí todo lo que le salga del alma, quiero saber quiénes sois, quién era mi madre. A lo mejor hasta me ayuda a saber quién soy yo.

SILENCIO.

JUAN — Lo que escribamos, ¿tiene que ser sobre ella o puede ser cualquier otra cosa?

MARTA — Haz lo que te dé la gana, como haces siempre.

CARLOS — Cuenta lo que quieras, pero sé sincero.

JUAN se lo piensa durante unos segundos. Finalmente se aparta del atril.

JUAN — Que empiece otro. *(PAUSA).* Pero yo me pido leer. Yo soy el lector. *(PAUSA).* Eugenio, ¿tú quieres poner algo?

EUGENIO — Yo quería bailar. Yo quería ser Gene Kelly.

CARLOS — Usted déjelo, padre. Ya pondré yo algo de parte de los dos.

EUGENIO — De mi parte no pongas nada.

MARTA — Déjalo, Carlos. Sabes que no está en condiciones.

CARLOS — Pues yo creo que sabe muy bien lo que dice. Cuando se trata de herir, es completamente lúcido.

EUGENIO mira de nuevo al vacío, ajeno a lo que comentan de él.

EUGENIO — Aquí lo que hace es mucho frío.

JUAN — *(A EUGENIO)* Por fin dices algo coherente. *(A todos)* Bueno, ¿quién empieza?

SILENCIO.

JUAN — Marta.

JUAN le ofrece el bolígrafo.

MARTA — Yo ya dije a mi hermana todo lo que le tenía que decir, no pienso entrar en semejante estupidez.

JUAN — ¿Estupidez? A mí no me parece...

EUGENIO se levanta y retoma sus torpes bailoteos.

MARTA — *(Cortándole)* Tú no tienes bastante, nunca tienes bastante.

JUAN — No nos desviemos del tema, estábamos con los mensajes para el libro.

MARTA — Eres un provocador, estás disfrutando con todo esto cuando debería darte vergüenza estar aquí.

JUAN — Todavía voy a tener yo la culpa, lo más fácil siempre es atizarle al mensajero, pero bueno, Carlitos, qué te voy a contar a ti, que eres cartero, estarás harto de repartir sustos de Hacienda...

MARTA — *(Cortándole)* No respetas nada, nunca has respetado nada; ni la familia, ni a tu mujer...

JUAN — *(Esforzándose en no entrar al trapo)* Estábamos con los mensajes para tu hermana.

MARTA — Mi hermana ya no está.

JUAN — Eso ya lo vemos, pero el tema ahora es...

MARTA — No hay tema, Juan. No hay ningún tema. Se hizo lo que se hizo y punto. Cada uno es dueño de sus actos hasta que Dios...

JUAN — Venga, venga, no empieces con Dios, que Dios no pinta nada en esto.

CARLOS empuja las ruedas de su silla hasta el atril mientras JUAN y MARTA discuten. Se levanta de la silla de ruedas. Lee. Luego escribe.

MARTA — Las cosas están bien como están.

JUAN — Será para ti.

MARTA — *(Señala a EUGENIO, que sigue a lo suyo)* Míralo. ¿Gana algo a estas alturas?

CARLOS sigue escribiendo.

Mientras tanto, MARTA deambula pensativa alrededor del féretro.

MARTA — Es mejor no remover el pasado. *(Mirando al ataúd)* Se sigue hinchando. Está cada vez peor.

JUAN — La culpa es tuya.

MARTA — ¿Cómo te atreves después de...?

CARLOS — Ya está.

CARLOS cierra el libro con un gran golpe y se lo tiende a JUAN, que vacila. Finalmente recoge el libro y va hacia el atril, lo coloca y, después de unos segundos, comienza a leer mientras CARLOS vuelve a sentarse en la silla de ruedas.

JUAN — *(Leyendo)* «Madre, necesito saber. Te has ido en silencio, igual que habías vivido; cada pregunta, desde que fui un niño, la zanjabas con un "Da igual" o un "Eso a ti ni te va ni te viene". Me dejas vacío de ti y lleno de dudas».

Saliendo de la lectura y dirigiéndose a CARLOS.

JUAN — Lo de escribir se te da regular, Carlitos. Mejor sigue repartiendo multas.

Vuelve a leer.

JUAN — «Recuerdo tus últimos momentos; pensé que delirabas cuando me dijiste aquellas palabras — "No te fíes. No te fíes de ellos"».

Para un momento de leer, y mira a MARTA.

Retoma la lectura.

JUAN — «"Tu padre. Tu tía. No te fíes de ellos". No creí que pudieras estar diciéndolo en serio. *(CARLOS asiente mientras escucha la lectura)* No le di importancia a tus palabras y ahora cobran sentido. Es la hora de volar para ti, madre. Vuela alto. Te recuerda y te quiere — CARLOS».

SILENCIO.

MARTA va a sentarse. Rápidamente se levanta de nuevo.

MARTA — Para escribir eso, mejor que te hubieras estado quieto.

CARLOS — He puesto lo que me ha salido en el momento.

MARTA — ¿Tu madre te dijo eso? ¿Te dijo eso de verdad? Porque ya me dirás qué hemos hecho para que no te fíes de nosotros. Aquí estamos. ¿Qué te hemos hecho? ¿Eh? Yo, por ejemplo, ¿te he hecho algo? A parte de limpiarte el culo y bañarte y hacerte bocadillos de Nocilla y llevarte al colegio y arroparte por las noches cuando ella se iba a trabajar. *(Hace una pausa para tomar aire)* ¿Eh?

CARLOS — Es lo que ella dijo, yo no le di importancia, pensé que se estaba yendo y su cabeza ya no regía...

JUAN — *(Dándole rápidamente la razón)* Regir, regir, no regía.

Carlos — ...pero ahora, después de leer esto... Ya no sé.

Marta — No sabes.

Carlos — No. No sé.

Marta — Pues yo sí sé.

Carlos — ¿Quieres que confíe en ti? Dime lo que sabes. Yo te quiero, te quiero tanto como a mi madre, sabes que no doy un paso sin consultarte, pero necesito aclarar todo esto. Dime eso que no me dices, eso que te estás guardando desde que hemos leído ese mensaje de alguien que tú también sabes quién es y tampoco quieres decirme.

Marta — Mi hermana Ruth no te dijo eso. Mi hermana nunca te diría eso.

Carlos — *(Señalando a cada uno de los que están en la sala)* Mi madre me dijo que no me fiara de vosotros.

Juan — A mí no me metáis en el saco.

Marta — Qué dices tú ahora, estás más que metido ya.

Juan — *(Dando golpes con el dedo sobre las hojas del libro)* Aquí pone — «Tu padre. Tu tía. No te fíes de ellos». Pero del tío Juan, tío político, dígase todo, no pone nada.

Carlos se desplaza por el escenario con la silla de ruedas, como buscando algo.

Eugenio deja de bailar y va a sentarse.

EUGENIO — Siempre tan cobarde, Juanito.

JUAN — No, no, a mí no me jodáis, yo no tengo culpa de nada, y además aquí lo pone bien claro.

MARTA — *(Molesta)* Cállate ya.

JUAN — Carlos, tú te fías de mí, ¿no? Tu madre no te dijo nada, ya sabes que yo...

CARLOS — *(Irónico y algo ofendido)* ¿Ya sé? Ya sé, dice.

CARLOS continúa su búsqueda mirando al suelo, hasta que encuentra la muleta. Intenta cogerla sentado, pero no llega.

MARTA se acerca para ayudarle, pero él rehúsa con un gesto de la mano, como deteniendo el avance de su tía, que se queda clavada a escasamente dos pasos de la muleta. Al final consigue agarrarla con gran esfuerzo, la pone en pie y, con su ayuda, se levanta.

Reanuda su discurso entre jadeos.

CARLOS — Yo no sé nada, tío Juan. Sé que tengo a mi madre muerta aquí delante, hinchándose cada vez más. Sé que es de noche y que estoy con mi familia encerrado en esta sala de tanatorio...

JUAN — *(Sobre las palabras de CARLOS)* Hombre, tampoco es eso, si queremos podemos irnos a dar una cabezada, *(Mira su reloj)* aún son las...

CARLOS — *(Imponiéndose a las palabras de JUAN)* Encerrado. Encerrado sin saber qué está pasando aquí, todos sabéis más que yo, sabéis qué es lo que pasó entre mi madre y esa... persona, pero no me queréis decir la verdad.

MARTA — Y qué quieres, ¿eh? ¿Que te diga yo qué? *(Ofendida)* Según tú no soy de fiar.

CARLOS — Según mi madre.

MARTA — Según tu madre no. Tu madre está aquí estirada, intentando descansar, no culpes a tu madre, tu madre está... Está...

JUAN — Muerta. Muerta. MU-ER-TA. Dilo, dilo. ¿O te crees que se va a levantar?

EUGENIO — No tientes a la suerte, Juanito.

CARLOS — Dime por qué no debería fiarme de ti. *(PAUSA)*. Quiero que me traduzcas ese mensaje del libro que me trae loco para que yo pueda entenderlo, y necesito que me cuentes qué pasa entre mi madre y esa mujer, por qué le dice esas cosas.

MARTA — Tú creciste bien, ¿te ha faltado algo? Dime, ¿te ha faltado? Has tenido un padre, una madre, una familia en condiciones que te crió como Dios manda y te dio unos estudios. ¿Qué más quieres saber? Se te ha tratado como a un príncipe.

JUAN — *(Mirando a CARLOS, mientras con el dedo índice señala a MARTA)* Eso es verdad, sí señora. Marta, cuando quiere, tela marinera; no hay un Dios que la rebata.

Carlos — *(Intentando conciliar)* Tía...

Marta — *(Elevando el tono. Cada vez más nerviosa)* Y se te ha querido.

Carlos — Eso no me vale ahora, tía.

Marta — Y se te quiere. Sabes que yo te quiero.

Carlos — Pero yo necesito...

Marta — Lo sabes.

Carlos — Tengo que...

Marta — *(Imperativa)* ¿Lo sabes sí o no?

Carlos — Sí, eso sí lo sé, lo que pasa es que...

Marta — ¿Pues entonces qué más quieres?

Carlos — *(Señalando sus vendajes)* Mira cómo estoy, tía, lo único que quiero es...

Marta — *(Cortándole)* Hombre, ya estabas tardando en echarme la culpa de la caída; pues nada, también voy a tener yo la culpa de que tú no sepas dónde pones los pies. Sí, está claro, la culpa es mía. Qué necesidad tengo yo de pedirte nada a ti.

Juan — Bien bonitos que se quedaron los tiestos del balcón, que él se rompería la crisma, pero oye, las macetas de su tita Marta ni un rasguño tienen.

Carlos — Lo único que quiero es conocer lo que haya pasado, entiende que me espante toda esta ignorancia en la que he vivido, tengo ya cuarenta años, tía.

Marta — Cuarenta años que has vivido como un rey, yendo y viniendo con el dinero de tus padres, que buena vida os pegabais los estudiantes, con la excusa de iros del pueblo, que si Madrid, que si Valencia, que si el extranjero...

Juan — *(Para sí, burlándose de su mujer)* «El extranjero», qué antigua es la pobre...

Marta — Tantos estudios y tanto voy que vengo para luego acabar de cartero en un pueblo de mala muerte.

Eugenio se levanta y empieza a deambular por la sala, como si estuviera buscando algo, mientras silba Singing in the rain.

Carlos — ¿Qué hay de malo en ser cartero? Hacemos más fácil la comunicación entre la gente. Tú no puedes decir lo mismo.

Juan — Bueno, eso sería antes, ahora con internet...

Marta — Tu madre siempre quiso que fueras alguien, ese regomeyo se lo ha llevado al otro mundo.

Eugenio agarra la jarra de agua que hay sobre una pequeña mesa y, con ella en la mano, deambula por la sala y continúa silbando la canción.

CARLOS — Venga ya, ¿ahora tienes los huevos de salir con eso?

MARTA — Ten más respeto a la hora de hablarme, soy tu tía.

CARLOS — No sé cómo te atreves a pronunciar la palabra respeto.

MARTA — Te saqué de pila, que no se te olvide, pesabas menos que una raspa y yo te tuve en mis brazos desde que eras así *(Pone las dos manos una frente a otra, como si midiera algo).*

JUAN — *(Yendo hacia el atril)* ¿Quién escribe ahora?

CARLOS — Me cambias de tema, tía, cambias de tema todo el rato.

EUGENIO sigue dando vueltas con la jarra en la mano, como si buscara un lugar donde dejarla. De vez en cuando toma pequeños sorbos.

Tras mucho deambular, se detiene frente al ataúd.

EUGENIO — *(Al cadáver, en un tono no demasiado alto. Los demás no le escuchan decirlo)* Qué seria te has puesto.

CARLOS — *(A EUGENIO)* Padre, ¿qué está haciendo? Deje la jarra, que se le va a caer.

MARTA — *(A EUGENIO)* Si buscas vasos, hay en aquella mesa. Tráeme otro a mí.

JUAN — *(Pasa las páginas del libro, como repasando lo escrito hasta ahora)* ¿Tú, Eugenio?

EUGENIO comienza a silbar otra vez.

CARLOS — *(De nuevo a MARTA)* Pregunto porque mañana quiero saber a quién estoy enterrando.

MARTA — Esto cada vez me gusta menos. *(A JUAN)* Lo mejor va a ser que nos vayamos. *(Volviendo a dirigirse a CARLOS, pero sin mirarlo a la cara)* Si quieres nos llevamos a tu padre, para que también descanse un poco.

CARLOS — Esto no es justo.

MARTA — Estoy cansada.

JUAN — ¿Marta?

MARTA — ¿Sí? ¿Nos vamos entonces?

JUAN — No. *(PAUSA)*. Que te toca escribir.

Sin dejar de silbar, EUGENIO alza la jarra casi a la altura de su cabeza y comienza a verter el agua en el interior del ataúd. MARTA se abalanza sobre él, que no opone resistencia cuando ella le quita la jarra de las manos, ya casi vacía, mientras CARLOS se ha levantado y examina el interior del ataúd para comprobar los daños. EUGENIO casi pierde el equilibrio, pero no llega a caerse.

CARLOS — Está... Mirad cómo lo ha puesto todo...

Marta — ¿¡Ni muerta la vais a dejar descansar!? No tenéis alma, si tuvierais una pizca de corazón la dejaríais descansar en paz.

Carlos — *(Moviéndose a la pata coja alrededor del ataúd, mientras mete la mano para tantear qué partes están mojadas. Lo hace con miedo)* Está todo perdido.

Marta — *(A Eugenio)* A ver quién te cuida a ti ahora, ¿eh? ¿Quién? Maldito loco. Por mí te puedes pudrir en tu casa, no esperes que yo pase nunca más por allí.

Juan — *(Ajeno a lo que acaba de ocurrir)* Me está entrando sed, ¿queda agua en la jarra?

Carlos — Hay que ir a llamar al tipo ese para que limpie todo esto.

Eugenio — *(Yendo hacia el atril)* Ahora quiero escribir.

Juan — Bueno, pero no escribas sobre lo que ha escrito otro ni taches nada, que tú eres capaz.

Eugenio coge el bolígrafo y se posiciona para escribir en el libro.

Carlos — A mí... No sé, mejor que lo limpie él. Se le está corriendo todo el maquillaje, y mira cómo le está dejando el agua el pelo.

Juan — *(A Eugenio, mientras intenta ver lo que está escribiendo)* Me quedo aquí vigilándote, que no me fío de ti.

Marta — ¿No le vas a decir nada a tu padre?

Carlos — Hay que traer papel o algo para que empape. *(Alzando la voz hacia afuera)* ¡Oiga! ¡Despierte! ¡Haga el favor!

Juan — No grites, hombre, que...

Carlos — *(Cortándole)* ¿Que qué? ¿¡Qué lo voy a despertar!?

Marta — *(A Carlos)* Tú y tu padre.

Carlos — ¿Yo y mi padre qué?

Marta — Sois los dos igual de impresentables.

Carlos la mira muy serio, pero no llega a contestar.

Juan — Yo iría a despertarlo, pero es que Eugenio es capaz de liarla si lo dejo solo.

Marta — Iré yo. Como siempre, tengo que hacerlo todo yo.

Marta se dispone a salir en dirección al despacho del Trabajador, pero Juan la detiene.

Carlos — *(Para sí)* Impresentables...

Juan — Vale, vale, ya voy. Siempre me haces lo mismo y siempre acabo picando.

Marta se gira y regresa a donde estaba.

Marta — *(Da órdenes a Juan en tono autoritario, mientras mira a Carlos, desafiante)* Traed papel. Y una fregona. Cuando vuelvas, Eugenio y tú os vais de aquí.

JUAN VA A SALIR. Al oír esa última frase, se gira para replicar, pero finalmente decide no hacerlo y termina saliendo.

EUGENIO hace rato que comenzó a escribir.

CARLOS — *(Inclinado sobre el ataúd, sin saber qué hacer)* Los párpados se le están poniendo negros. Tiene la cara como si se hubiera... No sé, como si se le estuviera borrando.

MARTA — Con lo guapa que estaba. No debe de ser fácil maquillar un cadáver. *(PAUSA).* Lo mejor va a ser cerrar la caja.

CARLOS — Eso no.

CARLOS mira hacia el atril para cerciorarse de lo que está haciendo EUGENIO.

MARTA — Carlos, no seas cabezón.

CARLOS — Que vuelvan a maquillarla.

MARTA — Mira la hora que es.

CARLOS — El tipo ese. Que se aguante y trabaje.

MARTA — Dudo que semejante inútil sepa arreglar este desaguisado.

CARLOS — Mi madre tiene que estar perfecta y yo quiero ver su cara hasta... Hasta el final.

EUGENIO — *(Sin alzar la cabeza, mientras escribe)* Ya llegó el final.

Marta — No la va a ver nadie más, solo nosotros. Limpiémoslo todo bien y después la tapamos. Ya no está presentable.

Marta se dispone a cerrar la caja, pero Carlos se lo impide.

Carlos — Así seremos tres los impresentables.

Silencio.

Eugenio sigue escribiendo.

Marta — De pequeño parecías lelo, creíamos que en toda tu vida ibas a ser capaz de alzar la voz, y ahora mira.

Carlos — ¿Me vas a contar la verdad?

Marta — Hay muchas verdades, Carlitos, la vida es más complicada de lo que tú te piensas.

Carlos — No me trates como si fuera un niño, estoy ya cansado de que todos me tratéis como si fuera un puto crío. Tengo casi cuarenta años.

Marta — Sí, ya nos has dicho unas cuantas veces lo mayor que eres, a mí por lo menos me ha quedado claro. *(Ofreciéndole la silla de ruedas)* Siéntate, anda. Estarás cansado.

Carlos — *(Empuja la silla, rechazándola)* ¡Empieza a hablar!

Ahora es Marta la que tantea el interior del ataúd.

MARTA — *(Dándole la espalda a CARLOS)* ¿Te asusta?

CARLOS — ¿Cómo?

MARTA — Todo esto. ¿Te asusta? ¿Te asusta descubrir quién eres en realidad?

CARLOS — Deja de jugar, estoy harto de...

MARTA — *(Cortándole)* Tiene que asustarte. El castillo de naipes se derrumba delante de tus narices. *(Mientras habla, mirando dentro del ataúd, mesa los cabellos de la difunta).* No sabes nada. Nada de nada. Debe de ser horrible.

CARLOS — ¿Por qué me haces esto?

MARTA — Yo no podría soportarlo. Entender que no eres quien crees ser.

CARLOS tira la muleta contra el suelo. MARTA se gira despacio. Después, va a recogerla. La agarra con ambas manos y mira a CARLOS.

MARTA — ¿De verdad quieres saberlo?

ENTRA JUAN.

JUAN — No lo encuentro, creo que no está en su oficina, casi echo la puerta abajo y no contesta. Imposible que no me haya oído.

EUGENIO está rasgando la hoja donde ha escrito y empieza a meterse el trozo de papel en la boca. JUAN corre hacia él para impedirlo.

MARTA y CARLOS se siguen mirando, ajenos a lo que pasa junto al atril.

JUAN consigue sacar el papel de la boca de EUGENIO, que no para de toser y cae al suelo hasta quedar sentado sobre él. Tras leer el papel arrugado, JUAN vuelve a hacerlo un gurruño y se lanza sobre EUGENIO para volver a introducírselo en la boca. Forcejean hasta que EUGENIO acaba por escupir el papel entre arcadas.

ENTRA el TRABAJADOR por el lado contrario por el que JUAN se fue a buscarlo.

MARTA mientras tanto deja la muleta apoyada en el ataúd y se acerca despacio al atril, como pensando lo que va a escribir.

CARLOS permanece de pie.

TRABAJADOR — Se han empeñado en no dejarme dormir y lo van a conseguir.

JUAN — Traiga papel o algo que empape. Hay agua dentro del ataúd.

TRABAJADOR — ¿Agua?

JUAN — Agua, sí.

EUGENIO — *(Sentado en el suelo aún)* Yo tengo sed.

El TRABAJADOR se acerca a mirar.

TRABAJADOR — No sé qué han hecho, pero esto no lo cubre el seguro. Límpienlo ustedes si quieren.

CARLOS — ¿Hay algo que sí le corresponda hacer a usted?

TRABAJADOR — Adecentar a los muertos. Si luego les tiran agua, ya no es mi problema.

CARLOS — Muy bien, pues váyase por donde ha venido.

TRABAJADOR — Con mucho gusto, además.

El TRABAJADOR SE VA.

MARTA está frente al atril, con el bolígrafo en la mano.

SILENCIO.

EUGENIO se ha puesto de pie. Agarra la muleta y comienza a dar golpes con ella sobre el suelo, como si fuera un cayado con el que va caminando.

CARLOS — Deje eso, padre.

EUGENIO sigue caminando y golpeando el suelo enérgicamente con la muleta.

JUAN — *(A MARTA)* Venga, no te lo pienses tanto.

JUAN va hacia la bola de papel que está sobre el suelo. La recoge y se la guarda en uno de sus bolsillos.

CARLOS — Dijimos todo.

JUAN — *(Se hace el despistado)* ¿Qué?

CARLOS — Todo. *(PAUSA).* El papel que te has guardado en el bolsillo también habrá que leerlo.

JUAN — No pone nada.

CARLOS — Entonces déjame que lo vea.

JUAN — Está babeado. Tu padre ha intentado comérselo.

EUGENIO — Su padre no, yo.

CARLOS — No me van a dar asco las babas de mi padre a estas alturas.

EUGENIO — Son las mías. Mis babas.

JUAN — Lo mejor es tirarlo, no se entiende nada.

CARLOS — Dámelo.

EUGENIO — Sí. Dáselo.

JUAN mira a MARTA, como buscando un apoyo. Ella sigue absorta en el libro: hojea, lee. A veces hace el intento de escribir.

EUGENIO sigue golpeando el suelo rítmicamente con el taco de la muleta, cada vez más rápido.

JUAN saca el papel de su bolsillo, lo desenvuelve y lo despliega entre sus manos, como si fuera a leerlo.

SILENCIO.

CARLOS — ¿No eras el lector? Lee.

JUAN se queda pensativo un momento. Mira a CARLOS, luego al papel. Finalmente opta por romperlo.

CARLOS va hacia él para impedirlo.

CARLOS — ¡No!

JUAN y CARLOS forcejean, pero JUAN finalmente consigue destruir el papel. CARLOS acaba cayendo al suelo, cerca del ataúd. Esta vez nadie va en su auxilio, se arrastra hasta alcanzar la silla de ruedas y sentarse. Empieza a hablar cuando apenas ha recuperado la respiración.

CARLOS — No me lo esperaba. De ti no me lo esperaba.

JUAN — No esperes nada. No tienes que esperar nada de nadie.

MARTA — *(Mientras escribe)* Al final se va a saber todo, Juan. Ya es tarde, habéis llegado demasiado lejos.

CARLOS — ¿Tú sabes lo que ponía en el papel?

MARTA — *(A JUAN)* ¿Pensaste que un viejo senil y tu propia esposa no serían capaces de delatarte?

JUAN — A estas alturas, lo mío es una chiquillada.

CARLOS — ¿Por qué rompiste el papel entonces?

JUAN — Pasó hace muchos años.

CARLOS — ¡¿El qué?!

MARTA — Tu padre y mi marido.

CARLOS — ¿Qué quieres decir?

JUAN — *(A MARTA)* Siempre tienes que echar balones fuera. Cuéntale lo que realmente le interesa.

EUGENIO — ¿Qué hay de malo en comerse una polla?

MARTA — No hace falta ser tan soez. Aquí lo he escrito todo. Toma.

MARTA extiende el libro hacia CARLOS, que rehúsa cogerlo.

CARLOS — Léelo tú. Léenoslo en voz alta.

JUAN — Nosotros ya nos lo sabemos.

CARLOS — Léelo.

MARTA — No es necesario, no tiene que ser ahora. Mañana puedes leerlo todo en tu casa, después del entierro.

MARTA cierra el libro.

CARLOS — Está bien, lo haré yo. Dámelo.

CARLOS da a la rueda de la silla con la mano buena y se acerca hasta el atril. Luego extiende los brazos. MARTA duda unos instantes y finalmente le da el libro. CARLOS tarda unos segundos en dirigir los ojos hacia las páginas, pero acaba por hacerlo.

CARLOS — *(Lee)* «Todo es mentira. Tu familia, tus padres, que no son tuyos, tu vida, la casa en la que creciste, los brazos que te mecieron y la leche que te alimentó. Tu madre no es tu madre. Tu padre jamás fue digno de tal nombre, se limitó a soportar los caprichos de ella con tal de que le guardara su secreto. Cada uno tenía que custodiar el secreto del otro. Ruth se casó con...».

CARLOS interrumpe la lectura, algo conmocionado.

CARLOS — ¿Qué es todo esto?

El libro se va deslizando entre sus dedos hasta caer al suelo.

MARTA se apresura a recogerlo, lo coloca en el atril y sigue leyendo ella misma.

MARTA — «...se casó con un tipo que lo único que sabía hacer es arrodillarse delante de los hombres *(Mira a JUAN, desafiante. Mientras tanto, EUGENIO bailotea alrededor del féretro)*. Yo *(Se señala a sí misma)*, yo te he criado mientras ella iba y venía, se cansó de ti muy pronto, ella no podía ser tu madre, era demasiado caprichosa, pero ahí estuve yo para salvarte. Para salvaros a todos y que esto pareciera una familia».

SILENCIO.

CARLOS — *(Confuso y emocionado)* Sigue.

MARTA — Ya está.

CARLOS — Sigue escribiendo.

MARTA — *(Mientras golpea el libro con el bolígrafo, como señalando lo escrito)* ¿Te parece poco?

CARLOS — *(Aturdido)* Tengo que...

EUGENIO — *(Cortándole)* Lo que no tenemos son las flores.

MARTA — Ya todo da igual. No se puede alterar el pasado, qué más quisiera yo.

SILENCIO.

JUAN — Si lo sé no rompo el papel, para lo que me ha servido...

CARLOS — Si es verdad todo eso...

MARTA — La única verdad es que somos tu familia. Esto es lo que tienes. *(PAUSA).* Lo que tenemos.

CARLOS — Es una broma.

EUGENIO — ¿Hemos pedido gladiolos? Son los más bonitos.

JUAN — *(A EUGENIO)* Cállate ya.

CARLOS — Tiene que ser todo una broma; lo de mi padre y el tío, lo del mensaje... Todo. ¿Os lo habéis inventado? *(PAUSA).* Estáis jugando conmigo, ¿es eso?

SILENCIO.

EUGENIO se ha sentado en una silla y juguetea con la muleta entre las manos, golpeando el suelo con la base, lenta, pero rítmicamente.

CARLOS conduce la silla despacio, casi dudando, hacia el ataúd. Se detiene dando la espalda a MARTA, que continúa en el atril.

EUGENIO — *(Como si acabara de recordar)* ¡Orquídeas! Sí, las orquídeas son preciosas.

JUAN — Fueron unas cuantas veces.

MARTA — *(Cortándole, pero casi para sí, sin descuidar el libro)* Unas cuantas, dice.

JUAN — Yo hablo de lo mío, habla tú de lo tuyo.

EUGENIO — Y qué bien que huelen.

MARTA — Destrozasteis la familia, no querrás que encima os dé un aplauso. Ojalá os hubierais ido en su momento, me habría ahorrado...

JUAN — *(Cortándole)* Si tan mal te parecía podías haberte ido tú.

MARTA — Estaba siendo lo que siempre he sido. *(JUAN empieza a caminar nervioso por la sala. De vez en cuando se asoma al ataúd)* Gracias a mí hemos estado juntos y nadie puede decir una palabra más alta que otra sobre nosotros. Yo he sido el pegamento de esta familia.

JUAN — *(Señalando al ataúd, sin mirarlo, casi con desprecio)* Mira para lo que ha servido el pegamento. Ahí lo tienes. A ver si consigue que tu hermana no reviente antes de que salga el sol.

MARTA — Eres un fraude.

JUAN — *(Sarcástico)* Tú en cambio eres un ejemplo a seguir.

EUGENIO — Y claveles. Claveles rojos. ¡Y blancos!

JUAN — Ya puedes contarle lo que hicisteis vosotras. ¿O se lo cuento yo? Dame el libro, lo voy a escribir.

JUAN se acerca apresuradamente al atril. MARTA agarra el libro con las dos manos y lo levanta, en un gesto que no queda claro si quiere apartarlo de las manos de JUAN o hacer ademán de golpearle con él.

MARTA — ¿Crees que vas a amedrentarme a estas alturas? Yo sé lo que hice y no me arrepiento.

CARLOS niega con leves movimientos de cabeza.

JUAN — Yo sí me arrepiento. Me arrepiento de haberos llevado allí aquel día.

CARLOS — *(Con un hilo de voz)* No puedo más.

JUAN — Dámelo.

MARTA — Cógelo tú.

MARTA tira el libro al suelo, que cae junto al ataúd, muy cerca de la silla de CARLOS.

CARLOS — *(A gritos)* ¡No puedo más!

CARLOS tiene la cabeza entre las manos. Con la frente roza el borde del ataúd.

SILENCIO.

JUAN — *(A CARLOS)* Te robaron.

SILENCIO.

JUAN — Ellas dos. Te robaron.

CARLOS hace un gesto de incredulidad.

CARLOS — ¿El qué me robaron?

JUAN — Te robaron a ti.

MARTA — *(Señalando a CARLOS mientras mira a JUAN)* Es un hombre de provecho gracias a mí. ¡Nadie lo ha querido más que yo!

JUAN — Te robaron tu vida.

CARLOS — No te entiendo. Escríbelo en el libro.

CARLOS intenta alcanzar el libro estirando el brazo hacia el suelo, sin bajarse de la silla. Finalmente, consigue agarrarlo.

JUAN — Te apartaron de tus padres. Te arrebataron a tu verdadera familia.

CARLOS — *(Extendiéndole el libro a JUAN)* No quiero escucharlo así. Escríbelo, por favor.

Ante la duda de JUAN, MARTA se adelanta y coge el libro.

SILENCIO.

MARTA — *(Alzando el libro con una mano)* Yo escribí el mensaje que ha desencadenado todo este lodazal. Lo hice para desahogarme contra mi hermana, por tantas cosas que me robó. *(Se lleva el libro contra su pecho y lo abraza)* Tú ibas a ser mi niño.

CARLOS — Déjalo ya, por favor. No quiero oír más.

CARLOS se desplaza con la silla de ruedas hasta donde está EUGENIO. Le quita la muleta de las manos y se pone de pie con la ayuda de ésta.

MARTA — Pues vas a oír.

CARLOS — Quédate con tu silla.

CARLOS empuja la silla con la muleta hacia donde está MARTA.

MARTA — Mi hermana y yo te dimos una vida. Un porvenir. Ellos...

CARLOS — *(Cortándole)* ¡Cállate!

MARTA se queda un momento paralizada por el grito de CARLOS.

EUGENIO — Ellos sí eran sus padres. Yo no. Yo nunca quise. Yo quería a Juanito. Yo quería bailar.

JUAN — *(A EUGENIO)* Ya es tarde. No voy a limpiar las babas de nadie, las tuyas aún menos. *(PAUSA)*. Yo también soy demasiado viejo, y también estoy cansado de todo esto. De todos vosotros.

JUAN SALE.

SILENCIO.

CARLOS — Pronto amanecerá.

MARTA — *(Casi cortándole, como si no pudiera esperar más a contarlo)* Lo planeamos entre las dos. Yo era muy amiga de una de las matronas del hospital donde naciste. Ruth quería tener un niño y no podía, hasta yo misma quería tener un niño tanto como ella o más, por eso siempre estaba contigo. Te cuidaba cuando ella tenía que trabajar. Ruth siempre inventaba alguna excusa para estar lejos de ti, pero a mí siempre me has tenido, Carlos.

CARLOS — ¿Queda agua?

CARLOS se mueve por la sala con la ayuda de la muleta, buscando agua. Encuentra la jarra vacía. La coge y se queda mirando fijamente el cristal vacío.

MARTA — *(Prosigue con la explicación)* No resultó muy caro, además en aquella época no era tan extraño hacer eso, mucha gente que no podía tener hijos lo hacía para dar a los niños una buena vida. *(Para de hablar, esperando que CARLOS diga algo. Luego sigue)* Le dimos el dinero en un sobre a un señor, todo según lo acordado. Lo único que recuerdo es que llevaba una camisa de cuadros y estaba muy nervioso, sudaba mucho. Creo que fue en un cuarto de ropa sucia o algo así, olía mucho a humedad. Él cogió el dinero y nos dijo que nos quedáramos allí esperando. Al cabo de un rato llegó una enfermera contigo en brazos, ibas envuelto en una manta blanca y no parabas de llorar. *(CARLOS tantea la jarra. La pone boca abajo, como intentando extraer la última gota de agua. Pero la jarra ya está completamente vacía y no cae nada, aunque él lo sigue intentando una y otra vez)* Arreglamos los papeles allí mismo, en aquel cuartucho, y en cuanto pudimos salimos pitando para el coche de tu tío Juan, que nos estaba esperando para volver a casa. Él no quiso entrar, ya ves tú.

SILENCIO.

MARTA — Fue mejor así.

EUGENIO — ¿Mejor para quién?

MARTA — Eugenio, no te metas. Vete con Juan, ya estamos terminando.

CARLOS deja la jarra y levanta la muleta sin mirar a nadie en particular.

CARLOS — ¿De quién es esto?

MARTA se encoge de hombros.

EUGENIO — Estaba por casa.

CARLOS la mira un momento, luego la deja apoyada en la silla de ruedas.

EUGENIO — *(A CARLOS)* Dame la jarra, me vendrá bien para poner en agua las orquídeas. Si no, se estropean enseguida.

CARLOS — Cógela tú.

EUGENIO se queda un momento pensándolo, luego la recoge.

MARTA — Tú sabes... Se te ha querido mucho. Tú lo sabes.

CARLOS — Deja de decir eso. No lo digas más veces.

MARTA — Para mí eres como un hijo.

CARLOS — No quiero seguir escuchando chorradas.

SILENCIO.

CARLOS se aproxima al ataúd despacio, cojeando, ya sin nada en lo que apoyarse salvo su propio cuerpo. Se queda mirando el cadáver.

MARTA — Después del entierro verás las cosas de otro modo.

CARLOS — No tengo a nadie a quien despedir mañana.

MARTA — Déjate de tonterías, es tu madre, ¿qué va a decir al gente si ve que no...?

CARLOS — *(Cortándole)* Yo ya he dicho adiós.

SILENCIO.

ENTRA el TRABAJADOR cargado de flores, los ramos se le van cayendo por el camino, incluso llega a darle una patada involuntaria a uno de los que se le caen.

TRABAJADOR — ¿Dónde dejo esto?

Nadie contesta.

TRABAJADOR — ¿Aquí mismo?

El TRABAJADOR espera unos segundos. Finalmente, acaba soltando las flores, que se quedan tiradas por el suelo.

TRABAJADOR — Qué familia más bien avenida, oye: se ponen de acuerdo hasta para ser maleducados.

Va a salir, pero justo antes de hacerlo vuelve a hablar.

TRABAJADOR — Con las flores pueden hacer lo que quieran, pero a la muerta no la mojen más, háganme el favor.

El TRABAJADOR SALE.

EUGENIO se acerca a las flores, coge unas cuantas y empieza a meterlas en la jarra.

EUGENIO — Estas necesitan mucha agua. *(Continúa colocando las flores dentro de la jarra, con cuidado, y habla consigo mismo)* Qué bonitas. Qué frágiles. Y qué pena que se marchiten tan rápido.

EUGENIO SALE con la jarra entre las manos.

MARTA y CARLOS permanecen en silencio unos segundos. Ni siquiera se miran.

MARTA — Tienes que ir al entierro. Luego haz lo que te dé la gana.

CARLOS — Dame el libro.

MARTA — ¿Qué más da ya el libro?

CARLOS — Dámelo, voy a llevármelo.

MARTA agarra el libro y se acerca despacio a CARLOS.

Marta — Podemos olvidarlo todo. Olvidar esta noche. Yo sigo siendo la misma de siempre. Todos somos los mismos de siempre. Nos tenemos los unos a los otros.

Carlos extiende la mano para recibir el libro. Se queda en esa posición, esperando.

Marta — No lo necesitas para nada. Podemos destruirlo.

Carlos — Dámelo, no quiero nada más, no tengo nada más que este libro, es lo único que tengo. Lo necesito.

Marta abre el libro, vuelve a hojearlo y acaba rasgando algunas páginas, justo las que contienen los mensajes que ella ha escrito.

Marta — *(Mostrándole las hojas arrancadas)* Esto es lo único que nos separa. Solo es papel.

Carlos — Ya no me interesa lo que ponga en esas hojas, puedes quedártelas. Lo que quiero es el resto del libro. Es el vacío lo que me interesa ahora.

Marta vuelve a meter las hojas arrancadas en su lugar.

Marta — Es todo tuyo, tú eres el único destinatario.

Le extiende el libro.

Tras unos segundos, Carlos lo recoge.

Marta — Te voy a estar esperando.

Carlos — No me esperes. *(Hojea las páginas en blanco, que son la mayoría)* Voy a estar muy ocupado. Tengo el vacío por delante. Todo está por escribir.

Marta se queda mirando a Carlos unos segundos. Finalmente acaba SALIENDO.

Carlos se ha quedado solo. Tantea el libro, acaricia la cubierta, el lomo, la contracubierta, como si tuviera entre las manos un tesoro. Luego lo alza y se tapa la cara con él, solloza unos segundos sobre la cubierta del libro.

Cuando consigue reponerse, va hacia el féretro muy despacio, con el libro apretado contra el pecho.

Se queda unos segundos mirando al interior del ataúd. Saca las hojas arrancadas y las coloca sobre el cadáver. El resto del libro se lo queda él bajo el brazo.

Mira el cuerpo de Ruth unos segundos, al tiempo que su respiración se va acelerando.

Finalmente, cierra la tapa del féretro con decisión.

OSCURO.

Roberto Osa (Cuenca, España, 1981) es novelista, dramaturgo y guionista.

Su primera novela, *Morderás el polvo* (Fundación José Manuel Lara, 2017), obtuvo el Premio de Novela Felipe Trigo, fue finalista del Premio Nadal y traducida en Italia.

Entre 2017 y 2019 fue seleccionado por el programa europeo CELA (Connecting Emerging Literary Artists), gracias al cual su obra fue publicada y traducida en varios países. En ese mismo contexto desarrolló el proyecto transmedia *Trece días en nuestra nevera*, presentado en festivales como Pisa Book Festival y Bookfest Bucarest.

En 2025 publicó *Fallo del sistema*, un libro que transita entre la crónica personal, el ensayo narrativo y la novela de no-ficción.

Además de su obra literaria, ha trabajado durante casi dos décadas en el ámbito audiovisual como realizador y guionista, y en 2026 ha sido seleccionado para el Laboratorio de Guion de la Fundación SGAE.

Con la obra *Correspondencia* obtuvo el Premio Ciudad de Málaga de Teatro.